ÉDIFIANTES RÉFLEXIONS

SUR L'ORDRE DU JOUR

DE

TIMON.

IMPRIMERIE D'AD. BLONDEAU, RUE RAMEAU, 7.
(Plac Richelieu.)

ÉDIFIANTES RÉFLEXIONS

SUR

L'ORDRE DU JOUR

DE

TIMON,

PAR UN LAPIN DE L'ORDRE DE CHOSES.

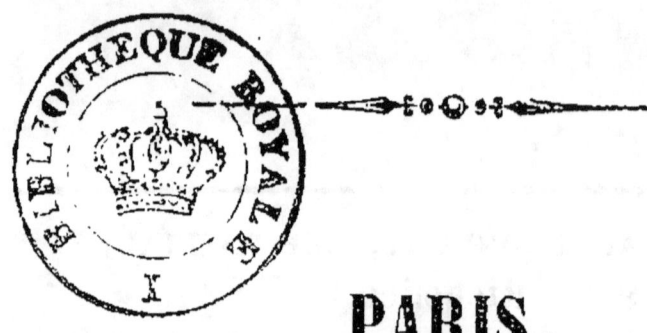

PARIS,
CHEZ TOUS LES MARCHANDS DE NOUVEAUTÉS.
—
1846.

ÉDIFIANTES RÉFLEXIONS

SUR

L'ORDRE DU JOUR

DE

TIMON,

PAR UN LAPIN DE L'ORDRE DE CHOSES.

———⁂———

> Je tâche de tourner le vice en ridicule,
> Ne pouvant l'attaquer avec des bras d'Hercule.
> LA FONTAINE.

Quoi, Timon, encore vous! vous partout, vous toujours! vous vivant, vous en chair et en os, après cette furibonde croisade où tant de *feux*, de *contre-feux*, de *boulets rouges*, de piéges à loups, de guet-apens, de traquenards et d'embuscades de toute espèce, ont été si loyalement et si libéralement dirigés de toutes parts et à la fois contre votre personne ! Mais ceci tient du prodige et du merveilleux. Vous portez apparemment dans votre poche, sous votre robe de *jacobin-jésuite*, un petit bout de la corde de l'espagnolette de Saint-Leu.

La Liste-Civile, ses amis, ses lapins et vos électeurs vous tenaient bien décidément pour trépassé. L'ordre de choses, enchanté, heureux, ravi, triomphant, vous avait fait administrer, en actions de grâces, le plus gai *De profundis* qui, de mémoire d'héritier, ait jamais retenti dans le monde chrétien. Ah ! vaine joie, inutile dépense ! Vous vivez, Timon, vous vivez ; et pour signe de vie, vous venez de brandir cette maudite lame de pamphlet dont vous avez hérité par succession directe (vous en êtes convenu vous-même), des Pascal, des Beaumarchais, des Courrier et autres sacripants de la même race. Vous avez su la rendre encore plus vénéneuse, plus ferme, plus tranchante et plus meurtrière qu'elle ne l'était entre les mains de ces terribles raisonneurs. Ah ! je crois bien, Timon, qu'ayant une pareille arme à votre côté gauche, vous ne vous souciez pas de la troquer contre un sabre de bois !

Vous voici donc, un nouveau pamphlet à la main, jetant les brandons de la discorde parmi ces électeurs déjà fort ébranlés, qui vous ont trop longtemps, hélas ! honoré de leurs suffrages.

Et vous criez à la corruption! et vous prétendez que cette plaie *ronge le cœur et les intestins de la France!* C'est vous, c'est bien vous, Timon, qui écrivez cela ! vous, l'ennemi irréconciliable de la Liste-Civile, le bourreau des apanages ; vous qui, après avoir gâté les habitants des villes, avez essayé de *corrompre* ceux de la campagne, en leur insinuant, dans vos prétendus *Entretiens de village*, les principes les plus dangereux et les plus subversifs !

Ne leur prêchez-vous pas, entre autres maximes exécrables, l'amour de Dieu, de la patrie et de la liberté ? N'avez-vous point poussé l'indécence et l'hérésie jusqu'à prétendre que votre Saint Père le pape et l'archevêque de Lyon sont de plus habiles théologiens que les vénérables Cousin, Quinet, Dupin et Michelet, et qu'un catholique fera bien de s'en rapporter, en matière de catholicisme, à la décision du Souverain Pontife et des princes de l'Église, plutôt qu'aux drôleries soi-disant évangéliques de ces quatre infaillibles ? N'êtes-vous point d'avis que le Conseil-d'État n'est pas aussi apte qu'une assemblée d'évêques à décider un point de doctrine religieuse ? Ne soutenez-vous point que la Charte a promis la liberté d'enseignement, et qu'il serait juste que des parents eussent le droit d'élever leurs enfants ailleurs qu'à l'Université, s'il leur plaît ainsi ? N'affirmez-vous pas que le gouvernement de 1830 n'est pas un gouvernement à bon marché, comme on l'avait promis, et que le budget a passablement pris d'embonpoint ; et cent autres préceptes aussi contraires aux mœurs et aussi propres à allumer une guerre européenne, à mettre à feu et à sang les quatre coins de la France ? Et vous convoitez, après cela, les suffrages des électeurs ! Ah ! Timon, chassez cette illusion. Quelle joie pour l'ordre de choses, si l'auteur de *l'ordre du jour* n'obtenait pas une seule boule blanche aux élections générales, pour lui apprendre à si mal user des siennes aux scrutins parlementaires ! A-t-il seulement voté l'indemnité de ce bon Anglais Pritchard ?

Il existe, par-ci par-là, dans les quatre-vingt-six départements, on en convient, quelques électeurs *subventionnés*, quelques éligibles *subventionnés*, quelques journalistes *subventionnés*, des fonctionnaires *subventionnés*, des amis et des citoyens de toute espèce plus ou moins *subventionnés*; mais des électeurs, des éligibles, des journalistes, des fonctionnaires ou autre genre de citoyens *corrompus* par le ministère, fi donc! il n'y en a nulle part. Et vous avez beau vous escrimer à faire violence au langage, à torturer le sens des mots; toute votre subtilité ne réussira pas à faire passer la *subvention* pour de la *corruption*. La différence est trop sensible, et la langue française n'est pas assez riche pour employer deux mots à signifier la même chose. Au surplus, tous les citoyens *subventionnés* ou qui ont envie de l'être (et le nombre en est grand!) sont d'accord sur ce point : c'est que rien n'est plus légitime, plus moral, plus constitutionnel et plus profitable que la *subvention*.

Criez donc à la *corruption électorale* tout à à votre aise; les ministres, insensibles à vos cris, continueront à *subventionner* et le résultat des scrutins électoraux montrera, dans quelques jours, lequel est le plus puissant, en chose électorale, de la *subvention* ou du *pamphlet*.

Les vôtres ont produit de bien grands désastres, cela est trop vrai ; mais les beaux jours du pamphlet sont passés, et tout redoutable que vous puissiez vous croire, on vous fera bien voir que vous n'êtes pourtant pas invulnérable. Pour donner plus d'éclat à votre défaite et rendre votre chute plus humiliante et plus honteuse, c'est un pauvre lapin des garennes royales, un timide et obscur habitant d'un terrier du domaine privé, sur qui l'ordre de choses a daigné porter son choix pour combattre ces fiers arguments, auxquels tant d'esprits forts se sont, je ne sais pourquoi, laissés surprendre, et sur lesquels il est grandement temps de répandre aujourd'hui la lumière.

Un grand logicien comme vous, réfuté par un simple lapin de garenne, sans études, sans charge à la cour ou ailleurs, sans titre aucun, pas même celui de bâchelier, d'académicien ou d'actionnaire de quelque voie ferrée ; ah! Timon, c'est un tour à vous faire mourir de confusion. Voilà comment la Providence abaisse parfois l'orgueil des grands faiseurs de phrases,

Et fait dans la faiblesse éclater sa puissance.

J'essaierai de me montrer digne de la mission honorable dont j'ai été chargé, et je veux vous livrer, sous les yeux de la France électorale assemblée, une de ces grandes batailles où l'un des deux partis laisse tout son monde étendu sur la place, où le triomphe du vainqueur est complet, et qui finissent la querelle d'un seul coup. C'est ainsi que se comportent les lapins lorsqu'ils se déterminent à entrer en campagne ; et, malgré la réputation très peu martiale de notre sang, vous verrez que je puis dire comme ce fameux Castillan de Corneille :

Mes pareils à deux fois ne se font pas connaître,
Et pour leurs coups d'essai veulent des coups de maître...

Un autre se contenterait peut-être de signaler ce que votre *Ordre du jour* contient d'irraisonnable, de subversif et de pernicieux ; moi, je ferai plus, je vous réfuterai sur tous les points où, depuis tant d'années, vous ne cessez d'attaquer mes clients ; je rappellerai aux électeurs tous les scandales et tous les maux causés par votre plume, depuis 1830, et j'espère, grâce à la puissance de ma logique, réduire enfin la vôtre aux abois, et vous ôter pour toujours la fantaisie et le pouvoir de troubler le repos de la Liste-Civile et celui de ces infortunés ministres que vos continuelles escapades tiennent jour et nuit en haleine, et dont plusieurs ont été mis maintes fois sur les dents par votre fait.

Surtout, j'ai sur le cœur le souvenir de vos deux *Avis aux contribuables*, astucieuses amorces, où, sous l'apparence de défendre la bourse des contribuables, vous êtes venu jadis, à la veille d'une élection générale, comme aujourd'hui, sonner le tocsin dans les communes, dévoiler le désordre des finances, et faire apparaître aux regards des moins clairvoyants cette inévitable banqueroute dont nous dissimulons l'approche avec tant de soins, de précautions et d'habileté.

En cette occasion, vous avez eu affaire à forte partie, et le rétorqueur de vos sophismes financiers, vous a, foi de lapin, passablement bien étrillé ; il y allait de bon cœur, et vous avez pu passer pour battu, et même un peu pour mort, aux yeux de ceux qui n'ont point lu votre réplique. J'achèverai aujourd'hui votre déroute, moi pauvre lapin blanc, et je viens prendre, en qualité de second, la place du conservateur de la fortune publique, tout occupé qu'il est, depuis quatre ans, à chercher sur sa mappemonde ce merveilleux et introuvable royaume des *Mille et une Nuits*, où vous prétendez qu'existent les 1730 millions qui arrondiraient si bien nos comptes.

Il faut, Timon, que vous ayez eu bien du temps à perdre et une furieuse envie de nous nuire, pour avoir, ainsi que cela vous est arrivé dans ces deux perfides avis, accumulé une telle quantité de chiffres, que vos pages, qui en sont toutes barbouillées, ressemblent comme deux gouttes d'encre, aux œuvres de Barème. Et encore, qu'ont prouvé toutes ces additions, toutes ces multiplications? Une chose, bon Dieu! que tous les contribuables savent assez, probablement : c'est qu'ils ont payé en 1842 quelques *centimes* de plus qu'en 1830; c'est qu'en 1846 ils jouiront du plaisir de solder quelques décimes de plus qu'en 1845; et que, d'année en année, le même système d'économie financière et de gouvernement à bon marché les amènera à déposer dans l'escarcelle ministérielle quelques FRANCS, puis quelques ÉCUS de plus que présentement, jusqu'à ce que : *sex-decim annos*, *grande mortalis œvi spatium!* N'était-ce pas là peine de tant faire de tapage et de si fort vous échauffer la bile pour nous apprendre ce que pas un contribuable n'ignore et ce que personne ne vous conteste !

Eh bien ! oui, les impôts ont été augmentés, quelques-uns sont plus que doublés ; ils croîtront encore et deviendront plus lourds et plus multipliés de budget en budget, si Dieu nous prête vie. Que faut-il raisonnablement induire de ces vérités ? C'est, selon ma réthorique de lapin, que nous sommes en voie de progrès ; et puisque l'impôt se paie, ou à peu près, soit en numéraire, soit en bestiaux, récoltes ou mobiliers saisis et vendus à l'encan ; il est évident que l'impôt n'est pas exorbitant, que l'industrie fleurit et se développe, que la prospérité nationale est toujours croissante, que le bonheur est partout, et que la richesse publique deviendrait trop colossale si le gouvernement, dans sa sollicitude paternelle, n'avait pas le soin de la dégorger un peu par précaution, comme on presse une féconde mamelle dont le lait, ainsi utilisé, se reproduit avec plus d'abondance au lieu de se tarir.

En conséquence, n'est-il pas clair comme le jour que le domaine privé est insuffisant, et qu'il est indispensable, pour le salut de la chose publique, d'adjuger au plus vite une demi-douzaine, au moins, de gros apanages ou dotations, le nom ne faisant rien à la chose, à cette pauvre et indigente Liste-Civile qui va mettre le comble à sa gêne et à ses prodigalités balthazariennes, dans la ruineuse et splendide réception qu'elle prépare à sa royale et exigeante alliée L'ENTENTE CORDIALE, qui la menace, dit-on, d'un *fiasco*.

Au surplus, allez voir dans les galeries de Versailles, avec maître Dupin, nouveau père de 'église, ce que la Liste-Civile fait de ses écus, je oulais dire des vôtres, bienheureux contribuables !

Ensuite, monsieur, qui faites le beau prêcheur, vous auriez dû prendre garde à être un peu plus exact dans vos calculs. Il vous a été démontré que vous aviez fait *double emploi* dans l'énonciation de ce que, pour vous divertir, il vous convient de nommer un *déficit* (encore si vous disiez un *découvert*), et je trouve assez plaisant que vous ayez la prétention néanmoins d'être toujours dans le vrai, parce qu'en définitive le total de vos évaluations se trouve être juste et sans erreur. Qu'importe le total ! le total n'est rien ; mais le détail, Timon, le détail ! C'est à cela que je m'attache ; et, puisque vous vous êtes trompé dans le détail, jamais vous ne me ferez convenir de l'exactitude du total.

Qu'appelez-vous déficit, s'il vous plaît ? Quoi ! parce qu'en 1855 les dépenses probables de l'État dépasseront les recettes, estimées au plus haut, de *huit ou neuf cent millions* pour le moins, vous prétendez qu'il y aura déficit ? Pourquoi ne dites-vous pas que la lumière du soleil est éteinte lorsqu'elle disparait un moment à nos yeux dans une éclipse de cet astre ?

Calmez vos craintes, Timon, le ministre des finances n'est point si embarassé, ses ressources sont innombrables ; et, sans parler des 1,730 millions orientaux qui vous ont si fort amusé, et sur lesquels, j'en suis certain, vous consentiriez généreusement à nous laisser prélever nos apanages, n'avons-nous pas ailleurs mille moyens d'emplir nos coffres ? Entre autres, je vous en vais indiquer un auquel vous n'avez pas songé sans doute.

On sait avec quelle passion nous encourageons

la liberté de la presse, puisque c'est en son honneur que s'est accompli l'événement de juillet ; mais on n'ignore pas non plus avec quelle vigilance et quelle prudente exactitude nous poursuivons ses plus légers écarts. Les journaux, soi-disant indépendants, en savent bien quelque chose. Or, Timon, avec le secours des jurés *probes* et *libres*, tels que nous les assurent les listes épluchées, ne comprenez-vous pas tout de suite que la répétition de plus en plus rapprochée d'amendes de douze, de vingt-quatre et même de *cent et quelques mille francs* dans l'occasion, comblera bien des vides et nous aidera à *subventionner* largement ? Qu'objecterez-vous contre cet ingénieux expédient, vous qui vous piquez d'être logicien ? Que l'embonpoint progressif des budgets ne vous effraie donc pas plus que celui de M. Lacave lui-même ; et reconnaissez avec moi qu'au lieu de *déficit*, il y a espoir de *proficit*.

Pour le coup, Timon, je vous crois confondu sur le déficit, l'augmentation d'impôts et la banqueroute. Adieu donc les chiffres, et, ne vous en déplaise, causons présentement d'autre chose.

Par habitude, vous ne trouvez dans tous vos

écrits que reproches et dédains pour la politique de tous les ministères qui, depuis seize ans bientôt accomplis, ont entraîné la France dans cette voie de prospérité toujours croissante, au terme de laquelle votre esprit atteint d'un incurable pessimisme, aperçoit une série de calamités dont la banqueroute est la moindre.

Si j'en avais le loisir, je reprendrais un à un tous vos prétendus griefs, et je vous démontrerais, avec autant de succès que l'a fait M. Laplagne, à propos de vos opérations arithmétiques, que jamais on n'a vu sous le soleil aucun gouvernement fournir la preuve journalière de plus de sagesse et d'habileté qu'en a fourni celui de juillet depuis les glorieuses; qu'il n'existe pas, dans les cinq parties du monde, un peuple chez lequel la morale publique ait fait de plus gigantesques progrès, où l'indépendance et la liberté se soient étendues d'une manière plus rapide et plus prodigieuse, par les soins du pouvoir; qui ait pris au dehors une plus fière et plus respectable attitude; dont les destins, en un mot, soient plus éclatants, plus prospères et plus dignes d'être enviés.

Cependant vous l'avez soutenu quelque part :

nous sommes mal avec tous les états, et notre alliance avec l'Angleterre, la seule que nous ayons su former avec tant de peine, se rompt par tous les bouts. En conséquence, vous concluiez au refus du droit de visite, à la conservation et à la colonisation de l'Algérie! Vous êtes d'avis, probablement qu'il eût été digne, équitable, utile et prudent d'approuver à Taïti la téméraire conduite des Dupetit-Thouars, des Daubigny et des Bruat? conserver, coloniser l'Algérie! déchirer le traité du droit de visite, exiler l'apothicaire Pritchard! Ciel! que nous conseillez-vous là? mais c'est une vraie logique de Gribouille. Ne fallait-il pas, en outre, poursuivre la victoire d'Isly, conserver Mogador et Tanger, prendre parti pour les États-Unis et faire autre chose que d'hypocrites jérémiades en faveur de vos frères révoltés de la Pologne? Autant vaut-il proposer à l'ordre de choses d'aller droit à Cherbourg faire voile pour Holy-Rood, après avoir invité Henri V à le venir remplacer aux Tuileries.

Allons, je m'aperçois que décidément vous ne vous entendez pas trop aux finesses de la politique doctrinaire. A peine êtes-vous sur ce chapitre de la force d'un médiocre écolier de sixième. Il va falloir que moi, solitaire nourrisson des forêts, moi, broutteur de thym et de serpolet, je vous insinue les premières et les plus simples notions de la sublime science de l'homme d'état ! Ce ne sera pas le spectacle le moins curieux de cette phénoménale époque, où vous trouvez qu'il se passe une infinité d'évènements sans tête et sans queue.

Eh bien ! Timon, approchez-vous, prêtez l'oreille, écoutez-moi. Je vais vous initier, tout bas, aux mystères de la politique de l'établissement du 7 août, et vous faire comprendre par quels accidents forcés il arrive que les listes civiles citoyennes s'endettent, s'épuisent, se ruinent, tombent presque en état de faillite, et comment, riches et grassement pourvues en apparence, elles sont quelquefois au vrai, dans une pénurie à laquelle le vulgaire refuse de croire, et qui n'est hélas ! que trop réelle. Dès-lors, nécessité impérieuse de recourir à la générosité législative, pour en obtenir dots, douaires, apanages, épingles, cadeaux de noces, dragées de baptême, châteaux, rentes, pensions, fonds secrets et autres colifichets sous toutes sortes de formes et de dénominations, à l'usage éternel des princes et hauts seigneurs de tous les temps et de toutes les monarchies, même les plus républicaines.

Cette plaie incurable, ce ver rongeur des listes civiles citoyennes, c'est l'émeute, Timon, c'est l'attentat ou même la complicité morale, (récente et merveilleuse invention!) Ce sont ces agitations populaires, ces scènes tumultueuses de la rue, ces désordres publics, sans lesquels il nous serait souvent impossible de marcher, et qui, dix ans durant, nous ont donné la vie, qui nous ont tirés de tous les écueils où nous avons été successivement engagés, et dans lesquels nous aurions infailliblement échoué, il y a longtemps, si la menace d'une révolution prochaine, du retour de la légitimité avec les droits féodaux, ou de l'empire avec ses guerres éternelles; si la crainte d'une autre Convention, accompagnée d'une autre Terreur, des échafauds permanents, de l'invasion étrangère, du pillage des biens, du partage des terres, n'avaient habilement rallié à l'ordre des choses, la masse égoïste, idiote et affrayée, (soit dit entre nous), de la plupart des électeurs privilégiés de l'ère nouvelle.

Sans l'émeute, Timon, nous ne pouvons pas exister; sans l'émeute notre règne se fut accompli promptement. Sortis de l'émeute, il est de notre destin de ne vivre et de ne nous soutenir que par l'émeute. L'émeute est notre lait, notre aliment naturel, notre pain quotidien, notre ancre de salut dans la tempête.

N'est-ce pas l'émeute qui nous a permis de mettre en état de siège Paris et une partie de la France? N'est-ce pas l'émeute qui nous a donné l'audace de proposer les forts détachés? N'est-ce point par l'émeute que nous sommes venus à bout de museler la presse? N'est-ce pas avec le secours de l'émeute que nous avons obtenu ces bonnes lois de septembre, sur lesquelles est arboré notre brave pavillon? N'est ce pas à l'émeute que nous sommes redevables de ces énormes fonds secrets qui nous font tant de bien? Quand nous sommes aux abois pour composer un ministère, qui nous tirerait d'embarras, n'était l'émeute? Bref, Timon, l'émeute, comme la vapeur, est propre à tout : avec elle, on *règne* et *gouverne* sans efforts de génie, sans graves inquiétudes, avec une facilité, une douceur (pour les gouvernants, veux-je dire) et une aisance que rien n'égale.

Or, savez-vous, Timon, ce que coûte une émeute? Une émeute un peu passable, une émeute de bonne qualité a toujours été fort chère, et le prix en augmente tous les jours. absolument comme les impôts. Si cela dure, je ne sais trop ce que nous deviendrons et à quels expédients extraordinaires nous serons contraints d'avoir recours. Quant aux grandes émeutes, à ces belles émeutes de premier ordre, ces émeutes que l'on pourrait appeler royales, comme vous en avez vu, il y a quelques années, quand nous étions riches, que nous touchions des *trop-perçus*, des *mal-perçus* et des *inaperçus*; enfin, avant vos maudits pamphlets, qui nous ont coupé bras et jambes; oh! alors c'était le bon temps : Une émeute était organisée en un clin-d'œil. Le personnel et le matériel, toujours prêts à tout événement, étaient religieusement entretenus au grand complet, avec réserve et arrière-ban, et l'on ne s'inquiétait presque pas du prix de revient. Mais peu à peu nous avons été réduits à marchander ; nous avons fait les choses un peu mesquinement ; on n'a plus vu le même luxe dans l'émeute, ce qui en a gâté beaucoup l'effet. L'attentat lui-même est tombé en discrédit, et nous sommes malheureusement forcés de l'employer bien plus rarement. Aussi notre autorité a-t-elle un peu baissé, plus d'une fois notre étoile a pâli, je le confesse avec douleur; la majorité, qui n'entend plus gronder l'émeute, flotte incertaine et s'émancipe, et nous éprouvons des peines inouïes pour faire accueillir à nos *bornes-volantes* ce qui nous eut jadis été accordé d'enthousiasme. Et le tarif des consciences électorales et parlementaires, on ne saurait se persuader à quel taux exhorbitant il est monté!...

Or, un athlète habile doit ménager ses forces, et bientôt il nous faudra peut-être une émeute indispensable. Voici l'heure critique des élections générales, que de sacrifices exige un tel moment! Et si viennent jamais des discussions sérieuses sur la réforme et l'armement des forts ; si les dotations sont obstinément combattues ; vous devinez bien Timon, qu'en ces périlleuses occasions, l'émeute fera son jeu. Et notre bon ange-gardien Gabriel, qui ne s'y entend pas trop mal, nous en a promis une des mieux conditionnées.

Raisonnablement nous ne pouvons admettre la

moindre réforme d'aucune espèce ; et nous ne nous soucions pas plus du programme Odilon-Barrot, qui n'est qu'un leurre, que de votre programme ou de celui de *la Gazette*, qui serait notre **arrêt de mort**. Comment donc étouffer toute cette gênante affaire? Je viens de vous le dire : dans une émeute !...

Eh ! qu'arriverait-il, bon Dieu, si l'on nous réformait? Oh ! calamité, abomination de la désolation.. Jugez-en vous-même. Vous n'avez, Timon, soulevé qu'un tout petit coin du voile dans votre *ordre du jour*.

D'abord, plus de chambre privilégiée, plus de monopole électoral ; tous les citoyens payant l'impôt, appelés à prendre part à la représentation nationale, et les besoins du peuple et ses sentiments librement exprimés. Le budget, O horreur! le budget fondrait d'un grand tiers ; toutes sinécures seraient supprimées, le cumul des salaires interdit, les gigantesques émoluments brutalement écorniflés, et les députés contraints d'opter entre leurs places et leurs fonctions législatives. Les cousins, les neveux, les tantes, les nourrices, les amis de pension et les maîtresses, même les plus mignardes et les plus agaçantes, ne seraient plus, de droit et exclusivement, pourvus de tous les emplois rétribués ; on ne recevrait la croix de l'honneur qu'après l'avoir méritée par des services longs, pénibles ou éclatants et bien constatés ; les écoliers ne la porteraient plus comme un jouet, et les préfets n'oseraient se divertir à la mettre en loterie.

A peine accorderait-on quelques *fonds-secrets* à la police, qui les emploierait intégralement à surveiller les malfaiteurs et à prévenir les crimes ; on rouvrirait des asiles à ces petits innocents que l'on dépose aujourd'hui dans les cloaques ou que l'on jette dans les fleuves. On logerait à Charenton le premier insensé qui parlerait de forts détachés ; la loi sur l'avancement serait rigoureusement exécutée, et le grade de maréchal de camp ne serait plus le solde édifiant d'un trafic électoral. Nos jeunes princes, privés d'apanage à tout jamais, n'iraient plus au collége réciter leurs leçons avec des épaulettes d'officier supérieur et le grand cordon de la Légion-d'Honneur ; les lois de septembre seraient abrogées et brûlées au pied de l'arbre reverdi de la liberté ; la censure, pour toujours exilée, recevrait défense de reparaître en France sous quelque nom et sous quelque déguisement que ce pût être : là se bornerait toute proscription.

L'ordre et l'économie reparaîtraient dans les finances; l'instruction serait publique et gratuite, et chaque père de famille jouirait de la séditieuse faculté de donner à ses enfants l'éducation qu'il lui conviendrait. Les mots *apanage*, *dotation*, *douaire*, *subvention*, *liste civile* même, seraient rayés du vocabulaire politique de la France, et le chef de l'Etat se verrait réduit, comme les autres citoyens, à vivre du produit de ses biens, biens immenses, qu'il tient de la libéralité de la nation.

Plus de jurés PROBES ET LIBRES, et malheur aux préfets qui s'aviseraient de prêter à l'aveugle destin l'assistance prestidigitatrice de leur savoir-faire.

La responsabilité ministérielle deviendrait chose sincère et sérieuse; et, sauf le cas d'attentat à la morale publique, de provocation directe au crime, d'appel à la révolte, la presse, sans menottes ni bâillons, sans entraves et sans guet-apens d'aucune sorte, pourrait impunément dévoiler tous les abus de l'administration, révéler toutes ses fraudes et gaspillages, citer tout haut les tentatives de corruption judiciaire, policière, princière, financière, industrielle, électorale ou autres ; publier, commenter et flétrir toutes *lettres attribuées* ; questionner, explorer, fouiller, éclaircir et expliquer sans crainte et sans dommage tous tripotages, intrigues, complots présents et passés, voire même, ô sacrilége ! l'imbroglio de la créance américaine, les ténébreux mystères de Grenoble, de la place Louvois et de l'espagnolette de Saint-Leu. Au risque de faire bouder lord Wellington et Robert Peel, la France mettrait Mulaï Abd-er-Rhaman, et, par suite, Abd-el-Kader à la raison ; au lieu du droit de visite déguisé, elle inscrirait sur son pavillon : LIBERTÉ DES MERS, etc., etc., etc., cent fois *et cœtera*.

Bref, tout se passerait en France précisément au rebours de ce que nous y voyons ; ce serait partout un ordre effrayant, une équité désespérante ; dans la magistrature et les dépositaires des deniers publics une probité qui ferait honte, une dignité au dehors qui exposerait la France au risque d'être enfin respectée par l'étranger, et au dedans une indépendance, une sécurité, un calme à causer le désespoir et la ruine d'une infinité de respectables personnages qui ne prospèrent qu'à la faveur des troubles publics et des calamités générales ! La valeur réelle de ces bons citoyens serait mise à nu, et leur grandeur postiche renversée par l'effroyable métamorphose dont nous menace la réforme.

Tel est, en raccourci, l'affligeant tableau que laisse entrevoir tout d'abord la supposition de cette mesure, et les esprits les plus éminents de l'ordre des choses sont tous d'avis que rien de plus désastreux ne pourrait arriver à la France.

Ecoutez, Timon, écoutez la voix de ces oracles :

M. le grand-duc Pasquier proteste que la nation, dont il est le chancelier, à raison de cent mille francs par an, prix fixe, n'a rien à souhaiter de plus que ce qu'elle a ; il affirme que les institutions qui la régissent répondront à tous ses besoins aussitôt qu'une belle et bonne loi de dotation sera insérée au *Moniteur*.

Au dire de l'honorable M. Vatout, le bonheur

de la patrie serait complet s'il était possesseur, lui, d'un fauteuil à l'Académie et la dynastie d'une inscription de quelques nouveaux millions de rentes sur le grand-livre de la dette publique

Depuis que, par le retrait de l'amendement Crémieux, les membres des deux Chambres se sont délicatement adjugé l'honorable permission de prendre part aux tripotages des chemins de fer, le fier descendant de Mathieu Molé déclare que la prospérité nationale serait au comble, si la liste civile avait en poche un bill de dotation.

Avec la présidence de la Chambre, l'honorable papillon Dupin ne trouverait rien à ajouter à la félicité générale, sauf un robuste apanage, ou même deux, à chacun des membres de la famille régnante.

J'entends le rhéteur Guizot prêcher que l'apogée de la gloire et du bien-être matériel de la France résultera de sa soumission aveugle aux volonté de sa chère alliée d'outre-Manche, et de son empressement à doter généreusement tous nos bons princes.

Selon M. Thiers, il ne s'agit que de confier à sa délicatesse bien connue une grande quantité de millions, applicables à des travaux publics, dont il rendra compte à sa manière, pour que le pays regorge de richesses et danse de joie nuit et jour. Bien entendu, toutefois, que les apanages seront de la fête... *Sine quá non.*

Enfin, Jean-de-Dieu, Soult jure sur ses vieux lauriers et sur ses *Murillo*, qu'au moyen de quelques forts détachés de plus, enrichis d'une immense quantité de gros canons à la Paixhans, avec l'indispensable établissement de *Canonville*, Paris pourra dormir en paix, et la dynastie jouir sans soucis des centaines de millions qu'elle possède déjà et des centaines de millions qu'elle réclame sous forme d'anapages, qui lui sont dus, et que l'on n'aura pas la témérité de refuser à ses syllogismes *Paixhans* et à ses réquisitoires *Canonville*.

Ainsi, les sept sages dont je viens de vous citer le sentiment, sont unanimes sur l'urgence et la justice de la dotation. Oserez-vous contester de pareils oracles? Et n'admirerez-vous pas, au contraire, la profondeur et l'habileté de la politique du juste-milieu? Persisterez-vous, monsieur l'incrédule, à nier encore l'insuffisance, après cette sincère explication ?

L'Empire, dans une existence de deux lustres, a moissonné tant et tant de lauriers, que l'on pouvait compter chaque jour de l'année par une de ses victoires. Nous qui préférons les douceurs de la paix extérieure à tout prix et la guerre des rues à l'odeur homicide de la poudre étrangère; nous sommes, nous aussi, dans nos seize ans de vivotage, assez riches d'émeutes, de régicides, d'attentats et de complicités morales et immorales, pour pouvoir en composer un charmant calendrier au grand complet; et vous savez, Timon, ce qu'il en coûte.

Si vous ne me croyez pas sur parole, comptez vous-même sur vos doigts, monsieur le *jacobin-légitimiste*, et montrez-vous donc étonné, à présent, que nous ayons des dettes.

Grâce à mes soins, vous voici passé maître en politique juste-milieu, la plus raffinée, la plus fière et la plus habile de toutes les politiques.

Puissiez-vous tirer profit de mes leçons et de mes conseils !

Mais comment se reposer sur votre discrétion, et n'ai-je pas commis une émorne imprudence en vous dévoilant avec autant de légèreté le secret inviolable de l'Etat?

Déjà, dans une autre occasion, vous avez traîtreusement abusé de l'aveugle confiance d'un lapin mon compère (1), et vous avez sans doute conté quelque part cette fâcheuse histoire des amygdales perdues par le futur régent à la campagne de Constantine ; car partout où nous avons depuis offert notre prince en mariage, on nous a clos la porte sur le nez, et nous avons vu toutes les princesses, même les plus ennuyées du célibat, rejeter nos déclarations avec dédain, et ricaner sous leur éventail au seul nom de l'époux proposé.

Nous avons longtemps parcouru, pour procurer une Eve à cet infortuné prince puiné, le cercle entier de l'Europe et en vain ! Toute la noble kyrielle des familles princières a été cajolée à tour de rôle ; jeunes, mûres, veuves, brunes, blondes, fraîches ou basanées, catholiques, protestantes, juives, musulmanes et saint-simoniennes, ont été sollicitées l'une après l'autre, hélas ! avec le

(1) Voir *Très sérieuse réponse à Timon*, etc., Delaunay 1 s.

même insuccès ; elles ont toutes fait pareille sotte réponse.

Promesses, supplications, billets en prose, en vers et autre style, sonnets, madrigaux, notes diplomatiques, neuvaines à Saint-Joseph, patron des époux ; chandelles à la Vierge, portraits à l'huile, sur sévres, lithographiés, en taille douce ou daguerréotypées ; histoire complète des *victoires et conquêtes* du postulant, rédigée par les meilleurs Quinte-Curces de la cour citoyenne ; états détaillés et sans restriction, soustraction ou falsification des domaines, rentes, revenus, pensions, émoluments, mobiliers, garde-robes et lévriers du jeune homme et de ses espérances, états dressés tout au rebours, comme bien vous pensez, de ceux destinés aux Chambres et au *Moniteur* ; éventualité de parvenir à la couronne, promesse de recruter pour les fêtes et gâlas à venir de la Liste-Civile autant de nobles personnages cirés, brossés, peignés et rasés, qu'il serait possible de s'en procurer ; exclusion définitive des *Paturot* et consorts dont se compose encore en grande majorité la cohue dansante du château ; assurance positive que l'usage des poignées de mains est définitivement abandonné ; que les airs séditieux de la *Marseillaise*, de la *Parisienne* et de la *Varsovienne*, ne font plus partie du répertoire national ; que nous ferons bon marché de l'Algérie et de Taïti, quand il en sera temps ; que toute la progéniture princière sera largement apanagée, quelque nombreuse qu'elle puisse devenir ; en un mot, toutes les subtilités diplomatiques, toutes les ruses, toutes les amorces, toutes les séductions (moins les cadeaux) qu'a pu imaginer l'esprit inventif de l'ordre de choses, ont été mises en action sans qu'il ait été possible de rien gagner, et j'ai vu l'heure où le second fils de l'Etat (style Dupin), pour ne pas demeurer éternellement célibataire, se trouvait dans la nécessité de recourir au procédé un peu violent de Romulus, ou réduit, en désespoir de cause, à épouser..... la mer Adriatique.

Grâce au ciel, notre prince a été désensorcelé enfin ; car, au moment où toutes les listes des *Villaume* royaux, vingt fois lues et relues, paraissaient épuisées, tandis que le découragement était peint sur tous les masques de la cour ; soudain l'œil pénétrant de la Liste-Civile s'arrête, avec une joie inexprimable, sur une imperceptible jeune Cobourg qui avait, jusque-là, échappé à la recherche de tous les lorgnons diplomatiques... A-t-elle une dot, s'écria-t-on unanimement? A-t-elle une dot? répéta par trois fois la liste civile, en poussant d'expressifs soupirs. Après tout, reprit-elle, avec un magnanime désintéressement, la France est riche, et nos députés sont de bons diables. Ainsi, va pour la dernière des Cobourg, vaille que vaille!!

Vous savez le reste, Timon. En dépit de vos mordantes satires, de vos indiscrétions perfides et de vos malicieuses plaisanteries, la jeune et charmante Cobourg-Koari, mieux inspirée que les autres jouvencelles royales, nous a tirés fort à propos du plus embarrassant impasse où jamais prince à marier se soit encore fourvoyé; et la mer adriatique, depuis si longtemps veuve de ses doges, peut aller présentement se faire épouser par qui s'en souciera. Quant à nous, nous avons une princesse, et qui mieux est, nous avons une dot. Une dot! Timon, entendez-vous? Une dot, et de cinq millions! cinq beaux millions, Timon... O charmante princesse, cinq millions! O vertueuse princesse, cinq millions! O! adorable princesse, cinq millions! O! princesse, que vous avez de beaux yeux; que les lys et les roses de votre séduisant visage ont d'éclat et de fraîcheur! cinq millions!.. Quelle grâce dans votre maintien, princesse; quelle majesté dans votre port, quelle noblesse, quelle élégance dans vos moindres mouvements! Ah! ravissante princesse, vous entraînez sur vos traces tous les cœurs; jamais la ceinture de Cypris n'eût la puissance et le prix de la vôtre. Non, il n'existe pas sur la terre une princesse plus accomplie et plus digne que vous de respect et d'amour; à moins toutefois qu'il ne s'en trouve une quelque part qui possède une dot de dix millions. Mais jusqu'à ce que cet introuvable phénix se soit révélé à nos yeux, je vous proclame, de toute l'étendue de ma voix de lapin, la perle, le trésor, l'étoile polaire, le *nec pluribus impar* des quasi-régentes du xixe siècle.

Quelques vauriens ont eu le scandaleux courage, les uns de nier l'existence d'une si galante dot, les autres de prétendre que, puisqu'il en est ainsi, l'heureux époux d'une princesse aussi précieuse est suffisamment pourvu, et que, réclamer pour lui et les siens une dotation ou un apanage, en présence des embarras financiers du trésor et de cette foule de pauvres citoyens dont la charité publique ne suffit pas à soulager les besoins les plus pressants, est une monstruosité sans exemple et la marque honteuse d'une rapacité, d'une avarice, d'une soif de l'or que l'on ne saurait ni trop combattre, ni assez flétrir.

Qui donc, si ce n'est des factieux de profession, a pu se permettre de raisonner d'une façon aussi anarchique et peu révérencieuse à l'endroit de la question de dotation ? Que j'aurais beau jeu pour démontrer l'injustice, l'insolence et l'absurdité de ces méprisables théories ! Mais pour que l'on ne soit pas en droit de jeter du ridicule sur des arguments sortis de la cervelle d'un illéttré lapin, sans nom dans la presse et sans autorité dans le monde politique, je veux fermer la bouche à tous ces mécréans, à tous ces frondeurs, à tous ces *giaours*, par la citation d'un morceau d'éloquence doctrinaire d'une clarté, d'une vigueur et d'une logique telle que les plus difficiles et les plus endurcis ne pourront s'empêcher d'en être édifiés, satisfaits et attendris ; écoutez bien :

« La couronne a des dettes, puisqu'il faut dire
« le mot.... *le fait existe* pour tous les gens de
« bonne foi, *parce qu'il est visible*, parce que les
« raisons en sont écrites partout, et sur tous les
« monuments de la gloire nationale. Mais *ce sont
« là de ces faits qu'il faut se borner à exposer sans
« commentaires, qui doivent être acceptés*, et QUI NE
« DOIVENT PAS ÊTRE DÉMONTRÉS. La royauté, comme
« la femme de César, ne doit pas être soupçonnée ;
« elle doit donner sa parole, et compter sur la
« confiance du pays. »

(*Journal des Débats*, 8 juillet 1844.)

Quand j'aurais employé, avec tout l'art imaginable, la méthode un peu surannée des A plus B, je ne serais jamais venu à bout de produire une démonstration plus victorieuse de l'insuffisance; cette réponse aux opposants est de force à défier toute la pénétration d'un sphynx, et je pense que vous, Timon, vos amis et M. Lherbette, serez suffisamment étourdis de ce coup de dialectique ministérielle, pour ne pas vous aventurer de sitôt à venir chercher noise aux apanages.

Savez-vous bien, d'ailleurs, ce que c'est qu'un apanage? savez-vous, monsieur l'érudit, que c'est du latin *panis*, en français *pain*, que le mot *apanage* tire son humble étymologie? *a* privatif, *panis* pain ; mot à mot, *pas de pain!!!* en bon français, *pas d'apanage!!!*

Ainsi, vous refusez DU PAIN (*panis*, accusatif *panem*), électeurs, vous l'entendez! aux pauvres enfants de la Liste-Civile! vous refusez du pain (*panis*) à cette belle famille que nous voyons se multiplier tous les jours avec une fécondité que nous pouvons à peine atteindre, nous qui, dans nos bois, n'avons rien autre chose à faire que des lapins? Ah! logicien sans entrailles, la France électorale le sait actuellement, vous refusez du pain à la famille du roi des Français; vous marchandez un morceau de pain à ces princes qui font tout leur possible pour se faire tuer dans l'Algérie au service de leur pays, sans jamais pouvoir y réussir (le ciel en soit loué!); à ces princes qui voyagent A LEURS FRAIS pour l'intérêt de la France, et qui sont réduits, pour subsister, à recevoir de leur généreuse tante des secours de toute nature!

Et pourquoi vos refus cruels! par la pitoyable raison que le roi, en montant sur le trône, n'a pas, selon un usage vieux comme la royauté, réuni ses grands biens aux biens de la couronne, et qu'il peut, sur un domaine dont la valeur ne s'élève pas à moins de CINQ CENT SOIXANTE ET ONZE MILLIONS, nourrir, vêtir et doter les princes et princesses ses enfants et petits-enfants. Vous ajoutez, avec le même aplomb, que le montant du revenu annuel de la Liste-Civile, de la dotation du prince royal et du douaire de la princesse Hélène, orment une somme de *quatorze millions* passés; que le produit des immeubles de la couronne atteint le chiffre de *dix millions*, et qu'enfin l'ensemble des revenus de la maison d'Orléans peut équivaloir à la modeste addition de *vingt-huit millions*, auxquels on doit joindre à peu près *quatre millions* de rentes, laissés en héritage au duc d'Aumale par le duc de Bourbon, ce grand destructeur de lapins; et l'éventualité très positive de la succession de la sœur du roi, qui, pour sa part, possède un capital de *quatre-vingt-dix millions* tout ronds.

Eh bien! Timon, en acceptant tous vos calculs pour exacts, c'est à peine si, depuis l'avénement du roi Louis-Philippe au trône, les contribuables, sur le sort desquels vous vous appitoyez si bénévolement, ont versé dans la cassette de la Liste-Civile la modeste somme de QUATRE CENT QUARANTE MILLIONS ; car je ne veux pas comprendre dans ce compte les *neuf millions* pour lesquels vous avez fait jadis tant de vacarme, et que vous appeliez *trop perçus* : c'est la *bien-venue* de l'ordre de choses.

Et vous argumentez que tous ces millions, dont le nombre vous paraît fabuleux, sont en assez grande quantité pour défrayer convenablement tous ces princes et princesses, tous ces ducs et tous ces comtes, toutes ces comtesses et ces duchesses de tous les âges et de tous les pays, qui pullulent au palais des Tuileries, transformé présentement en une véritable crèche.

Avez-vous donc oublié ce passage bien connu du vingt-cinquième chapitre de saint Mathieu ? « On donnera à ceux qui ont, et ils seront dans « l'abondance ; mais pour celui qui n'a pas, on « lui ôtera même ce qu'il semble avoir. »

Ces paroles ne sont-elles point applicables à la circonstance, et ne signifient-elles pas d'une manière prophétique : Votez des dotations et des apanages aux collatéraux de la liste civile, et enlevez aux pauvres prolétaires le peu qu'ils paraissent avoir, et dont le fisc a oublié de les dépouiller?

Vous êtes assurément trop bon chrétien, Timon, pour trouver mauvais que l'on applique à l'usage du gouvernement les préceptes de l'Évangile.

L'injustice et la faiblesse de tous vos paradoxes vous ont tellement frappé vous-même, que vous avez voulu chercher ailleurs de moins pitoyables sophismes, mais avec aussi peu de bonheur.

Vous avez comparé les prodigalités de la branche aînée à la générosité mieux réglée, plus prudente et moins ruineuse de la branche cadette. C'est bien là, Timon, ce qui s'appelle s'accrocher aux branches. Pour vous confondre, je vous renverrai à ce beau chapitre *du prince* qui devrait être gravé en lettres d'or sur les cassettes de toutes les listes civiles, et dans lequel le Florentin déclare, après mûres réflexions, que la générosité ne convient pas aux rois, parce que la cupidité de leurs courtisans est insatiable, et qu'en conséquence un prince sage doit peu se soucier de passer pour intéressé et même pour avare. Tout son soin doit être, au contraire, d'augmenter sans relâche sa fortune, et par tous les moyens en sa puissance.

Ah! que cela est profond et bien dit. Voyez, du reste, où la générosité de Charles X l'a conduit. Écrivez donc sur ce sujet tout ce qui pourra vous passer par la tête ; ma cliente, l'expérience et la raison sont, en ceci, tout à fait de l'avis de ce bon Machiavel, qui perd complétement le sens commun au chapitre des fortifications ; car il les désapprouve, et prétend, comme Henri IV l'a répété depuis, que l'amour des sujets est la plus sûre des citadelles.

Quoi qu'il en soit pourtant, le mal est accompli. Vos principes désastreux se sont infiltrés par tout le pays, et l'opinion publique s'est si fort égarée sur vos traces, au sujet des dotations, que de toutes parts on aboie après elles, et c'est à qui leur lancera l'anathême. Les contribuables serrent à doubles nœuds le peu que les agents de M. Laplagne ont laissé dans leurs bourses ; les jeunes fiancées prétendent qu'il est juste et à propos que leurs parents s'occupent de les doter elles-mêmes, plutôt que de doter des princes archi-millionnaires, avec lesquels elles n'ont jamais dansé, et qui vont quêter des épouses en pays étranger. Les futurs sont d'avis pareil, les mères raisonnent de même ; et les pères, par faiblesse et par condescendance conjugale apparemment, renchérissent à 'unisson sur ce séditieux langage.

L'impertinence des propos se joint au mauvais vouloir général ; on pousse, à votre imitation, l'audace des refus jusqu'à la raillerie la plus indécente ; les quolibets, les épigrammes pleuvent à foison sur l'apanage ; et j'ai, de mes deux longues oreilles, entendu de mauvais plaisants semer le bruit abominable que le phare, élevé en guise de clair de lune au beau milieu du Carrousel, n'était en réalité qu'un tronc dynastique dressé pour recevoir les offrandes nationales, à défaut de dotations législativement ordonnancées... A quoi servent donc les lumières !

Voilà le fruit de vos œuvres, Timon. Mais vous en avez déjà reçu en partie la récompense, et votre aventure aux élections va la compléter, je l'espère.

De quels insignes honneurs ne vous êtes-vous pas follement privé par votre inqualifiable conduite depuis 1830 ? Que d'invitations glorieuses.

que de flatteuses paroles, que de douces œillades, que d'augustes entretiens n'avez-vous pas perdus! Qui sait? on eut peut être poussé la galanterie royale jusqu'à rétablir en votre honneur l'usage tant à la mode jadis des poignées de mains ; et, si je ne m'abuse pas, vous auriez même entendu quelquefois sortir d'une bouche inviolable et sacrée les mots attendrissants de *cher camarade!*...

Quelles que puissent être aujourd'hui et l'amertume de vos regrets et la sincérité de votre repentir, chassez ces beaux rêves de votre esprit. Non, Timon, non, votre nom détesté ne figurera sur aucune liste des invités de la cour ; car la seule présence de l'auteur des LETTRES SUR LA LISTE CIVILE empoisonnerait toutes les joies de famille, et causerait d'interminables syncopes à tous les rejetons masculins et féminins de la tige royale.

Mordez-vous, tant qu'il vous plaira, et la langue et les doigts ; jetez, si cela vous convient, votre plume dans les flammes, tous ces remords sont tardifs: les portes des résidences royales vous sont interdites sans exception ; on vous y a consigné, ni plus ni moins que Satan même à celles du Paradis ; et saint Pierre se laisserait plutôt corrompre et enlever ses deux clés, que vous ne réussiriez à mettre le pied dans la galerie de Diane ou dans les bosquets odoriférants de Neuilly.

Quel dépit pour vous! Jamais on ne lira dans les colonnes du *Moniteur* officiel, ou à la suite d'un premier Paris dans le *Journal des Débats* : *M. le marquis Timon a eu la gloire d'ouvrir le bal de la cour en dansant, avec une grâce parfaite, en présence de* LL. MM., *une polka ou un menuet avec S. A. R. madame la princesse Adélaïde...* Ces plaisirs-là ne vous sont point réservés : à la bonne heure M. le président Séguier pour la polka, ou M. le chancelier-académicien Pasquier pour le menuet.

Jamais non plus la presse bien pensante ne publiera : *M. le duc Timon a eu l'honneur de dîner hier avec LL. MM. et les princes et princesses de la famille royale...* Vous avez trop irrévérencieusement parlé de mes confrères les lapins du roi, pour que vous éprouviez un jour le bonheur de tâter des gibelottes de la cour citoyenne; et pour vous faire payer les railleries que vous avez hasardées à l'endroit de la cuisine du trône, vous ne serez admis, sous aucun prétexte, à vous régaler des brouets servis par M. de Montalivet, mon digne seigneur et maître, aux bienheureux convives du Château.

La France et l'Europe n'apprendront point non plus par l'organe des journaux subventionnés, mais non corrompus, toutes sortes d'autres belles choses comme celle-ci, par exemple : *M. le comte Timon, ambassadeur ou envoyé extraordinaire de S. M. près la cour de..., a joui de l'inappréciable avantage de faire, avec M. le comte de Paris, une partie de colin-maillard, ou de jouer au cheval-fondu avec M. le Régent, ou encore d'emmaillotter lui-même, avec une dextérité sans égale, le très haut, très puissant et très excellent prince S. A. R. Mgr le duc d'Alençon, qui donne déjà, à sa manière, les signes précoces d'une admirable intelligence. Cet auguste poupart manifeste d'une façon très sensible son amour inné pour la France. Il saisit avec une grâce toute royale le sein potelé de sa riante nourrice. Plus rien ne manque à cet intéressant personnage pour être un prince tout à fait accompli, qu'un riche apanage ou une belle dotation.*

A d'autres que vous, M. le jacobin, ces honnêtes et dynastiques délassements. Faites des pamphlets, puisque telle est votre vocation; cherchez à endoctriner nos villageois par vos astucieux *Entretiens*; essayez de corrompre en criant contre la corruption; nous ne pouvons, hélas! vous en empêcher, mais ne venez pas badiner avec les *fils de l'Etat.*

Laissez à M. le ministre de l'instruction publique, appelé par ses devoirs à diriger l'éducation de la jeunesse, le soin de folâtrer avec l'héritier présomptif et ses innombrables cousins. Avec quelle naïve ingénuité ne se livrera-t-il point à ces innocents exercices? Si l'Université sait vivre, elle n'hésitera certainement point à voter à Son excellence une médaille d'honneur où l'illustre académicien sera représenté se reposant, au jeu du colin-maillard, des sérieux soucis qui l'assiégent dans les hautes fonctions qu'il dirige avec une si merveilleuse clairvoyance. Répondez sans jalousie, Timon, le beau Narcisse de Salvandy, les yeux bandés, ne vous représente-t-il pas, à s'y méprendre, un véritable Cupidon?

Vous ne disputerez pas, je le suppose, à M. l'ex-président du conseil, la gloire de s'amuser à *chevauchons* avec M. le Régent. M. Thiers sait être leste dans l'occasion ; il fait les gambades à ravir, et saute à pieds joints par-dessus une infinité de choses le mieux du monde. On a mille et mille preuves de sa prudente légèreté. M. Thiers est d'ailleurs un joyeux compère; il l'a fait voir, et de reste, en un certain dîner, où.... vous savez ! Il n'est point question de ce dîner-là dans les *Mystères de Paris*.

Quant à la douce jouissance d'emmaillotter les nouveau-nés royaux, je ne sache personne qui soit plus capable d'un aussi joli passe-temps que l'illustre historien des résidences royales, ce Benjamin chéri de la cour bourgeoise, ce barde vaporeux de l'ordre de choses.

Le pauvre infortuné ! Depuis sa dernière déconfiture académique, l'existence n'est plus pour lui qu'un fardeau; il a, dit-on, perdu tout à fait le sommeil ; sa disgrâce a produit sur son cerveau un effet tout contraire à celui de ses écrits sur ses lecteurs. Une idée fixe le poursuit sans cesse. Il croit voir partout *l'immortel fauteuil*, et plusieurs fois, dit-on, se croyant enfin possesseur de ce siége, objet de tous ses vœux, on l'a vu s'obstiner à demeurer sur un siége d'une toute autre nature, et là, improviser des poèmes inintelligibles, débiter des discours qui ne sentaient pas le moins du monde la douce odeur de l'encens qui s'exhale quelquefois des séances de l'Institut.

Après tout, n'est-ce pas folie à moi de m'appitoyer sur le sort de ce malencontreux candidat académique, trois ou quatre fois renvoyé par les QUARANTE aux calendes grecques ? Car, si ma mémoire est fidèle, c'est sur sa barbare proposition que les Chambres se sont résolues à rompre, après coup, cet armistice annuel qu'elles avaient d'abord charitablement accordé aux lapins de la Liste-Civile, comme à ceux des garennes non royales du reste de la France.

Mais, à propos d'académie et d'académiciens, vous devez être, en votre for intérieur, un peu passablement mortifié de ne vous voir assis sur les fauteuils de pas une seule ; et pour vous mortifier davantage, je ne dois pas vous laisser ignorer que vous auriez la gloire de briller depuis longtemps au sein des immortels du quai de Conti, si vous ne vous étiez pas avisé, à votre grand dommage et confusion, de publier tant d'heureux écrits, où, mêlant (contrairement à l'usage des auteurs contemporains) l'esprit, la logique, le bon goût, l'élégance, la pureté du style et la fine raillerie aux charmes d'une brillante imagination, vous avez déchiré à belles dents tous les gros bonnets du pays légal, dont quelques-uns ont été peints dans votre *Galerie de portraits* sous des couleurs d'une vérité qui n'a pas dû, vous le pensez bien, leur paraître fort agréable.

Sachez-le, Timon, vous n'avez pas su vous y prendre. Un peintre adroit et qui veut réussir, cache avec soin les défauts pour ne laisser ressortir que les parties avantageuses, et s'il ne se trouve ni beauté ni agrément dans les traits de son modèle, eh bien il y en ajoute d'imaginaires, et tout est pour le mieux. La vérité dans un portrait n'est absolument bonne à rien, et c'est, la plupart du temps, en s'en écartant tout à fait, qu'un Apelle de nos jours se rend digne de la faveur et des louanges des originaux qu'il embellit en faisant semblant de les copier.

Tenez-vous donc pour averti que la ressemblance n'est pas plus de rigueur pour constituer un estimable portrait, que la sincérité dans les comptes d'une liste civile ou les productions littéraires pour entrer aujourd'hui à l'Académie. On y reçoit bien, de loin en loin, quelques véritables hommes de lettres, mais c'est par exception. L'essentiel est de ne rien penser, et surtout de ne rien dire de malséant sur l'ordre de choses ; de nier la corruption, de professer une profonde vénération pour la Liste-Civile et les forts détachés, et de faire des vœux et des efforts pour le succès des apanages et des dotations. Jugez par ce programme si, vous, votre ami le poète du *roi d'Yvetot*, Berryer le flétri, et quelques autres beaux-esprits récalcitrants, vous porterez de sitôt l'habit brodé de soie !

Le conquérant de *Houchda*, l'illustre épée de Toulouse, les honorables Fulchiron, Jacques Lefebvre, l'orateur-préfet de Rambuteau, et moi-même, nous irons, avant vous, siéger à l'Institut Et si jamais vous réussissez à être membre de quelque académie, ce ne sera, je vous le prédis, qu'à celle des *Insensati* à Pérouse, ou des *Ostinati* à Viterbe. L'auteur même du *Génie du Christia-*

nisme et de la *Vie de Rancé* est heureux d'avoir mieux pris son temps ; car, de nos jours, il se fatiguerait inutilement à frapper à la porte.

Comme les choses se passent différemment pour les *sujets* bien appris ! Voyez venir M. le chancelier. A peine daigne-t-il se soumettre aux formes constamment usitées. On n'attend pour ainsi dire pas sa visite, on la lui rend d'avance, et les portes de l'immortalité littéraire s'ouvrent à deux battants devant sa poétique renommée.

Qu'a-t-il donc écrit ? demanderez-vous, où sont ses œuvres ? Ah ! maudit indiscret, cet excellent homme n'eût-il, après tout, qu'inventé la COMPLICITÉ MORALE, il y a dans ce prodige de quoi immortaliser tout un chancelier, et ce seul trait de génie et de dévouement à l'ordre de choses mériterait un bonnet de docteur dans chacune des cinq Facultés. J'avais même espéré que, pour dignement récompenser le président de la Cour qui a logé à Doullens votre ami Dupoty, la docte et libérale assemblée nommerait aux deux ou trois fauteuils vacants alors dans son sein, ce loyal enfant de Thémis.

Je borne ici ma tâche : a-t-elle été convenablement remplie? La Liste-Civile et vos électeurs en jugeront. Il m'est du moins permis de me donner cette douce louange, que j'y ai apporté toute la bonne volonté et tout le zèle dont je suis capable. J'ajouterai que pour un avocat à quatre pattes et débutant dans la carrière, je crois n'avoir point par trop mal fait valoir une cause comme on en voit peu, et dont j'étais chargé d'office. Peut-être, hélas! ne recevrai-je de la part de mes cliens, pour toute récompense et honoraires, qu'une mortelle décharge de gros plomb à la première rencontre! Ce sont là jeux de princes; les rois, les régents même et leur lignée sont toujours d'*illustres ingrats*, encore à la veille du seizième anniversaire des glorieuses.

Pauvres lapins, pauvres lapins! Et qu'avons-nous gagné, nous autres, à cette échauffourée de 1830? Le nom d'aucun de nous est-il seulement gravé sur la colonne de juillet? Nous traque-t-on avec moins de fureur que jadis? Les gibelottes sont-elles proscrites par les douces lois de septembre? Je confesse que la branche aînée, qui faisait de mes semblables de quotidiennes Saint-Barthélemy, nous méprisait au point qu'après nous avoir tués sans miséricorde, elle nous abandonnait dédaigneusement à la voracité vulgaire des estomacs les plus roturiers de l'époque ; tandis que, sous l'administration Montalivet, nous paraissons avec éclat sur la table royale. La gibelotte est un mets de luxe aux offices de la cour citoyenne, et nous jouissons du plaisir d'être croqués par les mâchoires les plus aristocratiques de l'ordre de choses. Ceci du moins est une consolation et un honneur, bien cher payés sans doute ; mais, enfin, c'est un honneur, et je suis chatouilleux en diable sur tout ce qui touche à l'illustration ne ma race.

Je ne terminerai donc pas cette homélie électorale sans vous régaler d'un souvenir historique qui comble d'une gloire éternelle la nation lapinière, et qui prouve ce que peut le nombre joint à l'union des citoyens.

Pline conte, je ne sais où, que « les habitants
« de Minorque demandèrent *un secours* de troupes
« à Auguste *contre les lapins* qui renversaient leurs
« maisons et leurs arbres. »

Voyez-vous cela Timon ? Une légion romaine combattant contre une légion de lapins ! ah ! que n'ai-je été temoin d'une pareille guerre. Mais

Pline le rapporte, Pline l'atteste, et Pline, le premier Pline est un auteur digne de foi. Ah ! le brave homme que ce Pline.

Et l'autre Pline donc! il ne publiait pas, lui, des pamphlets contre la liste civile de l'empereur Trajan et ses lapins. Il louait au contraire ce bon prince de toutes ses forces ; il écrivait ce fameux panégyrique, si glorieux pour l'écrivain et pour l'empereur; je le soupçonne même d'avoir laissé aussi quelques panégyriques en faveur des lapins de son temps, qui se sera égaré dans la course des siècles, ou que nos ennemis auront altéré ou détruit par jalousie.

Que ne l'imitez-vous ce louangeur ? que ne faites vous, à son exemple, le panégyrique illustré des Trajan de nos jours? Du moins, Timon, au lieu de vous moquer mal à propos des lapins qui ne vous ont jamais cherché chicane, et de vous efforcer de ternir leur intacte réputation, que n'avez-vous eu la sagesse et le bon esprit de les mettre dans vos intérêts? Vous voyez, par l'histoire de Minorque, le parti que vous en pourriez tirer un jour contre le mur d'enceinte et les forts détachés.

Mais je vous ai suffisamment rappelé à l'ordre : il est temps que je m'arrête. Aussi bien, le babillage parlementaire a cessé, la session de 1846 est close et enterrée, *amen!* Comme son collègue du Palais-Bourbon, maître Pasquier vient de mettre sous la porte la clé de la chambre des pairs ; sa magnifique robe de soie puce à queue et son tricorne si célèbre sont accrochés pour plus d'un grand mois, à moins d'accident imprévu. Nos excellences vont, comme de coutume, galoper sur les grands chemins, les uns pour aller baigner dans les eaux d'Ems ou autres, les blessures et les affronts de la présente campagne représentative, les autres pour magnétiser subtilement la chose électorale, avec le secours de la subvention bien différente de la corruption, quoi que vous en disiez.

La Liste-Civile, fatiguée de bercer ses marmots, se réjouit d'aller visiter ses foins, ses étangs et ses forêts, dont elle calcule déjà avec délices les richissimes produits. La foule des ex-honorables, inquiète, tremblante sur la chance qui l'attend dans la loterie des élections, s'est chargée, par précaution, d'une alléchante pacotille de promesses ministérielles en tous genres, à l'usage de ses crédules et avides commettants. Tout le monde rêve élections, repos et vacances, sauf le fisc dont l'activité est infatigable et l'avidité sempiternelle.

Partez donc, intelligents et incorruptibles Lycurgues de la France; allez vous délasser de vos glorieux travaux, et recevoir de vos concitoyens la récompense qui vous est due pour le bien dont vous avez comblé votre heureux pays, et pour le soin que vous avez pris de ménager avec une si scrupuleuse économie la bourse fatiguée des contribuables; partez, et bon voyage!

En route, au moins, lisez, pour vous distraire et vous édifier, ce petit plaidoyer en faveur de la bonne cause et des bons principes. Tâchez par votre exemple et vos exhortations de neutraliser dans les villes et dans les campagnes le poison distillé par le nouveau pamphlet de Timon et les criailleries des journaux réformistes. Par dessus toutes choses, pénétrez-vous enfin de l'équité des exigences de la couronne, et ne vous présentez pas à la nouvelle session (si vous y reparaissez) sans une boule blanche à la main en faveur des dotations; sinon je me sens l'audace et la résolution de me creuser une issue jusque sous le marche-pied du trône pour assister en personne à l'ouverture de vos séances, et joindre à l'autorité du discours de l'ordre de choses l'assistance extra-constitutionnelle d'une harangue de ma façon.

Ah! si, par impossible, la vertu de mon éloquence ne réussissait pas à convaincre et émouvoir vos âmes endurcies, malheur à vous!... Vous me verriez alors à la tête des descendants des lapins de Minorque, et de par l'art. 14 de leur Charte, vous me verriez, comme un autre Bonaparte, exécuter au milieu de vous un second dix-huit brumaire, et enlever à la baïonnette les apanages de la couronne. Ils ne seraient de la sorte que plus légitimement et plus glorieusement acquis. Au surplus, l'embastillement intérieur et extérieur de Paris est complet; vous jouirez, à votre retour, d'une agréable surprise : quelques milliers de canons, braqués sur la capitale et *ses aimables faubourgs*, embelliront la cime des forts que vous avez élevés : *Beati quorum jam mœnia surgunt!* avisez donc.

En attendant, je vais, moi aussi, regagner à toutes jambes, mes garennes chéries, pour y reprendre un   haleine. Là, dans la solitude et le silence de mon triste hermitage, j'aurai le loisir de préparer à l'aise mon plan d'attaque contre les futures incartades de Timon. s'il s'en permet encore, et de songer au superbe discours-ministre, que je me propose d'improviser à l'assemblée générale de mes confrères.

Car que faire en un gîte, à moins que l'on ne songe!

Jean JEANNOT,

Bâtonnier de l'ordre des Lapins.

www.ingramcontent.com/pod-product-compliance
Lightning Source LLC
LaVergne TN
LVHW022125080426
835511LV00007B/1024